VERDADERAS
INFLUENCERS

PAO NAVARRO

PRÓLOGO: MARIANA CODD DE PANA

Prólogo

Estoy segura que el libro que tienes ahora mismo en tus manos afectará positivamente, primero tu estima y segundo el punto de vista con el que ves las cosas que te suceden y que te rodean.

Como adolescente vives en una época violenta, donde todos quieren captar tu atención para que te conviertas en una seguidora más de algún famoso de moda. Estás en un mundo bastante difícil, rodeada de trampas que buscan hacerte tropezar para que no llegues al destino soñado.

¿De qué hablo? Tengo una hija de 13 años que, estoy segura, lucha tus mismas batallas cada día al levantarse de su cama.
Por eso sé que lo que leerás en las siguientes páginas abrirá tus ojos a una nueva realidad que no habías visto, una realidad llena de verdad y esperanza.

Nos hemos acostumbrado a ser influenciadas todo el tiempo, pero es momento de que tú te conviertas en "la chica que influencia al grupo" y, en este libro, descubrirás cómo lograrlo.
Te invito a que leas, atentamente, cada palabra escrita y seas parte de la historia.

Si tienes este libro en tus manos es porque, de alguna manera, quieres dejar de ser influenciada para convertirte en influenciadora.
Así que no te des por vencida y llega hasta la última página, porque sé que cuando termines de leerlo no serás la misma chica que comenzó a leerlo, porque tendrás las herramientas necesarias para salir al mundo y brillar con la luz correcta.

Mariana Codd Pana
Fundadora de Movimiento Manos,
Directora de Mujeres Alumbra

Contenido

Introducción

Empezar es complicado. Sobre todo, cuando lo que vas a empezar es algo BUENO, algo que Dios mismo te ha pedido y un esfuerzo gigante de tu parte. Hoy, seguramente, estás en etapas donde empiezas a ver más clara tu vida; empiezas a tener deseos de profesión, de familia, quizás, deseos basados en lo que ves a tu alrededor. Pero, también, hay cosas que no entiendes, que no sabes el por qué, cosas que realmente deseas porque lo ves en tus amigas o por internet. De pronto, youtubers que viajan, que les regalan todo, que tienen el último celular, la ropa de marca, los mejores maquillajes, etc.

Iniciaré haciendo un análisis de lo que sucede hoy. La tecnología nos quiere abrazar, las redes sociales nos consumen horas de nuestro día, el celular se ha vuelto una herramienta indispensable que todos deben y tienen que tener. Recuerdo cuando yo era adolescente deseaba tener más muñecas. Recuerdo que tenía un piano muy pequeño y jugaba a la iglesia con mi primo, estaba en la calle corriendo con mis amigos jugando a las escondidas, a saltar la cuerda, a patinar y hacía cosas como esas.

Hoy el deseo de una adolescente es tener un celular y no, precisamente, para poder buscar las tareas ahí. Lo desean porque quieren Facebook, Tik Tok, Instagram y, además, YouTube para empezar a entrar en la onda de todos.

Hay muchas chicas que crecen sin uno de sus padres. Es una parte muy fuerte que te toca enfrentar sin estar preparada, nadie te preguntó si tú realmente lo querías, no elegiste eso. Por otro lado, hay niñas que sí tienen a sus padres físicamente, pero los sienten lejos; no las escuchan, no comparten, no saben ni siquiera como se llaman sus amigas del colegio. Al mismo tiempo, también están las niñas que tienen sus padres completos que si las escuchan y están pendientes de ellas. ¿Cuál eres tú? Respóndete a ti misma, y déjalo ahí un rato.

Permíteme hoy tomarte de la mano y mostrarte un camino hermoso que te va a asegurar un final feliz, un final que empieza a ser construido muchos años atrás, incluso mucho antes que todos nosotros naciéramos.

Cuando tenía 12 años, mi maestra de la iglesia me dijo que tenía que enseñar en público a muchos más niños como yo. No recuerdo que ella me dijera cual parte de la Biblia debía enseñar, pero mucho antes de eso ella ya me había contado algunas historias de hombres de la Biblia. Ese día yo elegí hablar de José.

Este era un chico de 17 años, cuya mamá murió cuando tuvo a su hermano menor, él cuidaba las ovejas de su padre, su papá se llamaba Jacob. Dice la Biblia que, a José, su padre lo amaba muchísimo y de regalo le mandó a hacer una túnica, y sus hermanos le envidiaban tanto porque veían que era el preferido de su padre (Génesis 37: 1-4). Seguramente nadie me creía capaz de sacar adelante una enseñanza con tan corta edad, pero mi maestra, llamada Zuleima, sabía que había algo en mí.

Empecé a leer ésta hermosa historia donde, inicialmente, tú puedes ver a un Dios aparentemente injusto (esto lo hemos pensado muchas de nosotras), ya que José fue vendido por sus hermanos, y luego ellos mintieron a su padre diciendo que José había sido devorado por un animal y estaba muerto **(Génesis 37: 18-36)**. Pero esta historia en realidad tiene un GRAN FINAL.

Hice muy corta la historia de mi primera enseñanza, la cual preparé sola con la ayuda del Espíritu Santo. Llegó el día de exponerla, entré en pánico porque estaba muy nerviosa. ¡Se me olvidó el versículo que tenía que leer, empecé a buscar en el libro de Salmos y el que tenía que leer estaba en Génesis! ¡Imagínense mi angustia!, no sabía qué hacer, casi iba a llorar. Unos segundos antes de empezar con el mensaje sentí una voz que me recordó que debía leerlo en Génesis y, de verdad, yo misma me asombraba de todas las cosas que Dios enseñaba a través de mí, incluso cosas que no tenía anotadas surgieron en ese momento y fui muy feliz de ser usada por Dios, sin merecer estar ahí.

Esto te lo cuento para decirte que desde entonces, Dios no me ha soltado, aunque yo he decidido alejarme de Él para quizás experimentar lo que todo el mundo vive, he tenido errores y me he equivocado, pero hay una diferencia muy grande entre equivocarse en el mundo que equivocarse en Dios.

Este libro Dios me lo regaló para ti. Aquí vamos a aprender cómo ser una verdadera Influencer. Una palabra que suena mucho en estos tiempos y que seguirá sonando por unos años más. En los próximos 7 capítulos descubriremos ciertas cosas que nos ayudarán a pensar mejor nuestras decisiones y a tener el coraje de ser diferentes y no hacer lo que la mayoría de adolescentes hacen.

No siendo más, empecemos...

Esto es lo que he aprendido hasta ahora...

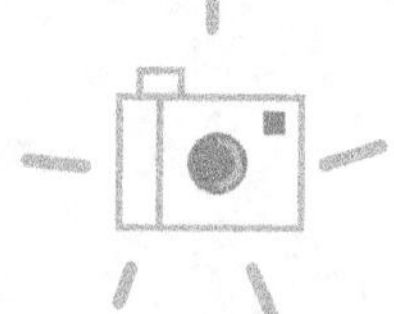

CAPÍTULO 1

¿DÓNDE ESTÁN LAS PRINCESAS?

Cuando a las mujeres nos dicen princesas, inmediatamente nos trasladamos a Disney, estas historias hermosas que nos hacen llorar, donde la princesa es perseguida por los malos, y todos la quieren separar de su príncipe azul, pero al final el amor vence y todos son felices para siempre. ¡OMG! Déjame respirar un momento y regresar al mundo real.

Estas historias sin duda alguna marcan en nosotras un deseo de encontrar el príncipe de nuestros sueños, de usar un lindo vestido, de ser rubias o pelinegras con una cara hermosa, pestañas perfectas, y labios bien pintados. Y cuando nos vemos al espejo... ¡Oh sorpresa! no soy tan así, quizás tenemos algunos kilos de más, o la nariz no es como la de la princesa, de pronto mi genética no es la de Disney. Entonces desde muy niñas empezamos a establecer diseños en nuestra mente que queremos que se cumplan, pero no se cumplen.

Y encima de eso aparecen las Youtubers, con sus tutoriales de maquillaje, sus viajes alrededor del mundo, con la ropa más chic del momento y los novios aparentemente perfectos. Es ahí donde nuestro corazón empieza a desear ser como ellas, tener la vida que ellas tienen, viajar como ellas viajan, etc.

Permíteme decirte que las princesas verdaderas no son esas que viven en un castillo ni tampoco las que viajan y tienen todo lo último. Las verdaderas son aquellas creadas por un Rey, que no solo es Rey, sino que también es el Dueño del mundo y, además, el que gobierna todas las cosas.

Quiero contarte una hermosa historia de una espectacular princesa que es muy diferente a esas que todas conocemos y que un día descubrí.

Desde siempre ha existido un Rey que tiene el poder de gobernar la tierra, dar órdenes al mar y al viento para que se calmen, dió nombre a cada cosa que hoy existe. Ese Rey sabía que después de haber creado muchas cosas había algo que faltaba por ser creado **(Génesis 2:18 - 23 NVI)**.

Luego Dios el Señor dijo: «No es bueno que el hombre esté solo. Voy a hacerle una ayuda adecuada». Entonces Dios el Señor formó de la tierra toda ave del cielo y todo animal del campo, y se los llevó al hombre para ver qué nombre les pondría. El hombre les puso nombre a todos los seres vivos, y con ese nombre se les conoce. Así el hombre fue poniéndoles nombre a todos los animales domésticos, a todas las aves del cielo y a todos los animales del campo. Sin embargo, no se encontró entre ellos la ayuda adecuada para el hombre. Entonces Dios el Señor hizo que el hombre cayera en un sueño profundo y, mientras éste dormía, le sacó una costilla y le cerró la herida. De la costilla que le había quitado al hombre, Dios el Señor hizo una mujer y se la presentó al hombre, el cual exclamó:

«Ésta sí es hueso de mis huesos y carne de mi carne. Se llamará "mujer" porque del hombre fue sacada».

Sí, señoritas, ese Rey es el que todas conocemos como Dios y esa princesa eres tú. Ahora cada princesa tiene y nace de una forma diferente. Por ejemplo, yo nací calvita y casi no respiraba.

De hecho, la enfermera que atendió mi nacimiento, dijo que yo había nacido sin vida y, después de tirarme al aire varias veces, respiré de nuevo. De pronto, tú naciste con mucho cabello y respirabas normal. Lo cierto de todo esto es que tu historia no es igual a las de Disney y tu vida no va a ser igual a lo que ves en YouTube o Instagram.

Imagínate un mundo donde todo es siempre lo mismo, sería muy aburrido, ¿verdad? Entonces, la historia de tu vida va a ser de acuerdo a las decisiones que tú misma tomes, a las amigas que eliges, a qué tan obediente eres, a quién sigues y quién escoges como tu ejemplo a seguir. Pero nunca olvides esto, tienes la opción en tus manos de formar desde ya un carácter basado en lo que la Biblia enseña, esto es algo simplemente maravilloso y no hay ni un solo error en ella.

Decisiones de una Princesa.

No decides en qué familia nacer, pero si decides amarlos, no decides qué nombre tener, pero sí cómo quieres que la gente recuerde tu nombre, no decides si te toca vivir con papá, con mamá o con los dos, pero si decides ser una alegría para ellos y no hacerlos llorar por tu mal comportamiento.

Pero la decisión más importante de las princesas es amar a Dios primero, con todo su corazón, con toda su mente y con todas sus fuerzas. El creador de IPhone conoce perfectamente cada función del celular, y no solo la función, también sabe qué lo daña y te da una guía con precauciones, para que lo uses de manera adecuada.

Ahora, permíteme decirte esto: Dios es tu Creador; Él sabe tu presente, pasado y futuro. Lo más maravilloso es que Él sabe qué te hace daño y te da las instrucciones para que tu vida funcione de una manera adecuada. ¿Dónde está ese manual? Te lo presento, se llama Biblia.

Cuando somos adolescentes nos empezamos a dar cuenta de los errores que los adultos cometen, por eso quiero hablarte de algo muy puntual. En Redes Sociales se muestra como las influencers se van a vivir con sus novios en la misma casa, se habla abiertamente de cuándo fue su primera vez, o cuándo su primer beso, en los llamados "tags". Ellas hacen ver que esto es normal, si tienes un novio puedes tener relaciones sexuales con ellos sin casarte e irse a vivir juntos. Esas son sus decisiones, las cuales son completamente incorrectas. Desde que el matrimonio se empezó a ver como algo secundario empezaron a aparecer los problemas de los adultos. Los padres se separan porque alguna chica se metió en la relación o porque escogieron a la persona incorrecta; niñas de 16 años salen embarazadas por dejarse llevar de lo que ven y escuchan, se encuentran niños abandonados en las calles por padres que no quieren hacerse responsables, aparece el aborto, y muchos otros problemas más. Entonces, si un acto trae malas consecuencias al mundo, eso quiere decir que *NO ES EL CAMINO CORRECTO* por donde llevar tu vida.

Ahora, Dios me enseña que debo guardarme hasta el matrimonio, esperar en Él por el hombre correcto, buscar su presencia todos los días, leer el manual que Él me dejó: LA BIBLIA. En este manual vas a encontrar todas las instrucciones para vivir en paz y tomar las decisiones correctas.

Te acuerdas que al principio te preguntaba: "¿Qué chica eras?". ¿Si eras la que vive con sus padres completos o la que sólo vive con uno?... Bueno, quiero decirte que entiendo perfectamente todas las posiciones, pero no importa en cual estés ya que hoy tú puedes decidir no repetir los errores de los adultos y decidir ser diferente, ¿De qué manera eres diferente? Obedeciendo a Dios, quien es tu creador y que solo Él sabe lo mejor para ti.

No importa dónde naciste o la familia donde has crecido. Lo

importante es que tú tienes la herramienta para cambiar tu historia. Porque las verdaderas princesas son las que obedecen a Dios, y se levantan haciendo la diferencia ante un mundo que cada día se llena más de problemas. Una Princesa no es la que se va por el camino más cómodo y rápido, por donde la mayoría de chicas van, sino la que va por donde el Rey le indica y le pregunta: "Dios, mi Rey, muéstrame el camino por donde Tú quieres que yo ande".

El ejemplo de las Princesas

Hay un ejemplo a seguir, Él es el influencer más importante de la historia. Su nombre es JESÚS. Su historia ha sido contada de generación en generación y nunca va a acabar. Los youtubers de hoy en día tienen que matarse la cabeza creando cosas nuevas, pero llega un momento donde ya es aburrido ver lo mismo de todos, se copian entre ellos, todos hacen los mismos Tags, hablan de los mismos temas. Todos ellos algún día ya morirán porque todos los seres humanos tenemos un final. Es muy probable que si alguno ya no existe, se recuerde de ellos por un tiempo, y seguro aparecerá otro que lo reemplazará. Pero Jesús, han pasado miles y miles de años y su nombre nunca ha dejado de sonar, el mensaje corrió de un país a otro sin internet, sin redes sociales, sólo con 12 hombres que obedecieron y le siguieron. Estos 12 sabían que Su poder era grande y que la Salvación era el regalo más preciado que las personas pueden tener.

Nosotras debemos seguir a Jesús, sus enseñanzas, lo que Él ha mandado. Y no porque tus padres te lleven a una iglesia o porque creas que te obligan, simplemente porque NADA ni NADIE ha podido detener el hecho de que este mensaje se multiplique. Eso quiere decir que lo bueno permanece para siempre y lo malo algún día se va a acabar. Respóndeme: ¿qué prefieres? ¿Imitar los errores de los adultos y seguir dañando tu vida, o seguir al Hijo del Rey que con un solo acto trajo luz a todos? Jesús no necesitó WIFI para darse a conocer, Él sólo vivió conforme a lo que Dios le ordenó, y todos al ver lo diferente que Él era, empezaron a mencionar su nombre por el mundo. Si el internet en el mundo se acabara y las redes sociales no existieran, el nombre de Jesús nunca dejaría de ser mencionado.

Permíteme ir concluyendo este capítulo. Una Princesa de verdad es aquella que comparte el mensaje de Jesús a todos sus amigos, es aquella que sabe que sólo Jesús puede transformar los corazones de los malos y por eso multiplica el Buen Mensaje, para que muchos adolescentes más se aseguren un futuro en manos de Dios y no cometan los mismos errores que muchos adultos hoy en día cometen. Las verdaderas princesas se encuentran en las iglesias cristianas recibiendo a las personas que llegan, cantando en el grupo de adoración, limpiando cada rincón de la casa de Dios, llamando a las personas que llegan por primera vez.

Si el internet en el mundo se acabara y las redes sociales no existieran, el nombre de Jesús nunca dejaría de ser mencionado.

Yo decidí nunca salir de ese lugar donde estamos las verdaderas princesas y vengo a decirte que SÍ es posible, sí se puede, y que nada ni nadie te detiene cuando amas al Rey de las Princesas.

Esto es lo que he
aprendido hasta ahora...

CAPÍTULO 2

¿CÓMO FUNCIONAN LAS REDES SOCIALES?

¿Sabías que en las redes sociales nos tienen a todos estudiados? Ellos saben qué buscas, a quién sigues, lo que te gusta comer, a qué lugares te gusta ir, los lugares que frecuentas, dónde vives, quién es tu familia, qué hablas con tus amigos y, lo más impresionante, es que conocen los deseos que tienes, y no es porque lean tu mente, simplemente porque ellos mismos y el mundo ha ido creando esos deseos en ti, hay alguien que tiene muy clara la condición de pecado de todos nosotros, y se aprovecha de eso para incentivar nuestra mente. Deseos de viajar, tener mucho dinero, tener un enamorado de apariencia "perfecta", ser famosa, tener muchos seguidores, tener el cuerpo más lindo, vestirte como se visten los famosos, tomarte fotos en paisajes espectaculares. Puedo seguir, pero creo que hasta aquí, puedes identificarte con varias cosas ¿verdad?.

Cada clic o cada "me gusta" que pones, cada comentario se convierte en dinero, y ese dinero no va a tus bolsillos, sino al de otros. Y en lo que me quiero enfocar es, que muchas de las cosas que los influenciadores publican no son genuinas, son creadas. Alguien les mandó un papel con las palabras exactas que debía decir y qué cara tenía que poner, y puedes estar segura que hasta hubo un ensayo para que se viera natural. Muchas marcas utilizan nuestra información personal para darnos a conocer sus productos, pagan mucho dinero para que estas personas hablen de ellos, cada uno actúa bajo lo que le conviene.

Nosotros, los que estamos detrás de las pantallas, parecemos robots obedeciendo cada orden que un influenciador nos da. Por ejemplo: desliza la pantalla hacia arriba, suscríbete, ve y da like, comenta esta foto, compártela con tus amigos. Seguramente en tu mente estás diciendo: ¡es cierto!". Pero ¿sabes?, lo más oscuro de todo esto es el mensaje que se está enviando por medio de estas personas y nadie paga por eso; es más, las personas lo hacen hasta gratis y ellos ni siquiera se dan cuenta del daño que están haciendo. Pero hoy, tú y yo, nos quitaremos una venda de nuestros ojos.

¿Qué prefieres? ¿Una hamburguesa o un plato de vegetales salteados? Yo, sin pensarlo, tomo la primera opción y, estoy segura, conmigo se irían muchas más. Es que las cosas que no son buenas son las que más nos gustan y llaman nuestra atención. ¿Sabes por qué? Todos los seres humanos nacemos con una naturaleza de pecado, siempre vamos a querer hacer lo que no debemos, hacer lo que creo que es mejor para mí sin pensar en las consecuencias que esto traerá.

Una vez dicho esto, quiero decirte que el enemigo, también conocido como el diablo, conoce perfectamente esta condición de los humanos. De hecho, él fue el que llevó a los seres humanos a conocer la desobediencia, y por eso se ingenia las formas de mentir a las personas con respecto a la verdad de Dios, y las redes sociales es una herramienta que hoy día tiene.

Vamos a hacer una tabla comparativa para verificar cómo el enemigo envía sus mensajes por medio de las redes sociales, sin necesidad de pagar.

QUÉ ENSEÑA LA BIBLIA	QUÉ DICEN LOS INFLUENCIADORES
Primero debes casarte para irte a vivir con tu esposo.	No necesitas casarte para irte a vivir con tu novio.
Dios creó al hombre y mujer para formar familias.	Si te gusta alguien de tu mismo sexo no pasa nada puedes crear tu familia.
No Mentir	Engañan a las personas haciendo creer cosas que no son ciertas.
Debes guardarte hasta el día de tu boda.	Eso de guardarse hasta la boda ya no se usa (ya pasó de moda).

El enemigo no desea recibir dinero por la compra de productos. Él quiere robarte algo mucho más valioso: tu alma. Quiere que tú desobedezcas a Dios para que cometas muchos errores y luego destruir tu corazón para que te pierdas en salidas fáciles como el alcohol o las drogas.

Él quiere hacerte sentir tan mal, hasta el punto que muchas adolescentes se suicidan porque no tienen lo que el mundo les muestra, además de muchos otros vicios que no tienen finales felices.

Las personas que sigues y admiras en redes sociales son iguales a ti: se equivocan, les pasan cosas malas, tienen errores, no son perfectas, y te manipulan todo el tiempo solo porque alguien les pagó para que recitaran un guión publicitario. Por ser iguales a ti no pueden ser tu ejemplo, y tampoco tu modelo a seguir, debes seguir a alguien superior que realmente muestre perfección. Y ese es solo Jesús.

Lo que ellos hacen o dicen no es la verdad de la vida, y tampoco, son los ejemplos que debes imitar. Ninguno de ellos será capaz de entregar su vida por sus seguidores porque solo quieren cumplir sus propios deseos de fama y dinero, pero Jesús entregó su vida sin tener ni siquiera un seguidor real y entregado, para hoy en día tener muchos y ser la persona que dividió la historia del mundo en dos. Los influencers digitales nunca podrán conocer a sus seguidores por completo, pero Dios conoce hasta cuantos cabellos hay en nuestras cabezas. Él es quien permite que respires día a día y cada segundo controla los latidos de tu corazón. Lo único que es 100% real es el sacrificio de Jesús, que entregó su vida por todo el mundo, ya fuera negro o blanco, alto o bajo, sin importar nacionalidad, o de qué color tiene sus ojos, o la figura de su cuerpo. Su amor y corrección es lo más perfecto que existe y es lo que tú y yo debemos buscar y seguir por siempre.

Si algún día tienes un problema emocional, te sientes muy mal, y triste, con ganas de llorar, te puedo asegurar que si escribes al interno de los famosos que sigues, ellos de tanta gente no van a poder leer tus mensajes. Pero si vas a la Biblia vas a encontrar una respuesta. Si llegas a Dios y oras, Él te escuchará y traerá paz a tu corazón.

Entonces hoy respóndete a ti misma. ¿Vale la pena dejarse guiar por las mentiras que las redes sociales dicen? o ¿es mejor mantenerse cerca de la más grande influencia del mundo? Jesús te amó primero para darte salvación, Él no te usa para ganar dinero, Jesús quiere que tu seas una verdadera influencer, no de las que miente, sino de las que decide hacer las cosas correctas y llevar el mensaje correcto al mundo, y es movida por amor a los demás, aquella que dice: "Yo soy diferente y decido tomar el camino correcto para no cometer los mismos errores de la mayoría de personas, dejándome llevar por lo que hace todo el mundo".

Esa posición si es algo que puedes decidir. Que los que te rodean y lleguen a ti sepan que hay algo diferente y lindo que reflejan tus ojos, que seas ayuda para muchas personas y que, en tus labios, siempre haya palabras de sabiduría de Dios, y sobre todo, que puedas prevenir que tus amigas sufran y tomen decisiones incorrectas.

Hoy te reto a que decidas ser una verdadera influencer, no de las que mienten, sino de las que anuncian a Jesús y son de bendición donde van, que pueda tu vida reflejar al Jesús que tienes dentro.

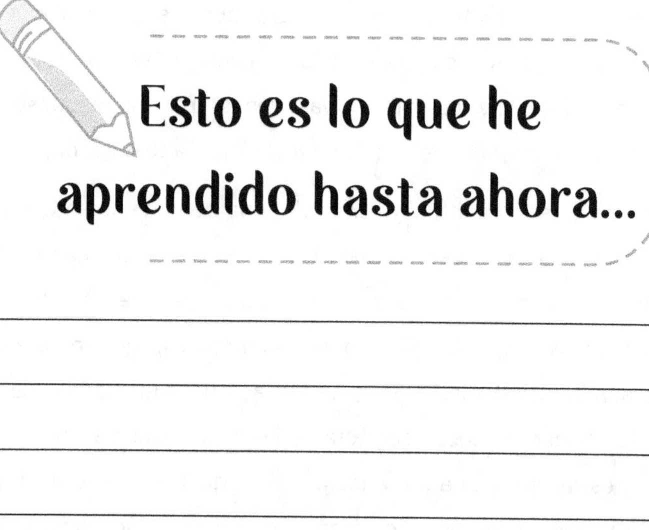

Esto es lo que he aprendido hasta ahora...

¿QUÉ SUCEDE DENTRO DEL CORAZÓN?

La Biblia enseña ésto: "Sobre toda cosa guardada, guarda tu corazón, porque de él nace la vida", y el libro de Jeremias me enseña que el corazón es engañoso más que todas las cosas. Cuando la Biblia habla del corazón en estos dos contextos, hace referencia a tu mente, tu voluntad, lo que deseas, el entendimiento, el carácter, las emociones. A mí me impresiona que cada una de estas cosas mencionadas anteriormente mueven nuestra vida y es ahí donde tomamos las decisiones de qué hacer o no hacer.

Mi querida amiga, quiero contarte que cuando pasamos tiempo en las redes sociales viendo lo que una persona u otra muestra, lo que estamos haciendo es alimentar nuestro corazón. Es decir, estamos tomando de las redes sociales modelos que van a influir en mi voluntad, en mis emociones, en mis decisiones, y muy pendientes a esto, influyen en la definición de una identidad errónea. Por eso es que tienes deseos de usar algunas marcas específicas, viajar, tener el último celular, etc.

Y si tus padres o tu familia no pueden darte todo esto, entonces entras en frustración y a cuestionar por qué a mí no me sucede lo que veo en redes. Por qué yo no puedo tener fotos así. Entonces empiezas a imitar lo que ves, y tu corazón empieza a gobernar bajo esa información que ha recibido por medio de la influencia de las redes sociales.

Un día tuve la oportunidad de entrar a una cárcel de mujeres, al principio tenía mucho miedo porque no sabía si algo malo me podía pasar ahí. Pero dentro de mí había una fuerza mayor, yo iba a predicar de Jesús a esas mujeres y eso vale mucho más que cualquier miedo.
Cuando ya estaba adentro, todas las mujeres nos miraban de forma

extraña, luego caminamos hasta un salón de reuniones y empezamos a conversar con estas mujeres.

Quiero decirles que el 100%, todas ellas estaban ahí por llevar droga escondida en sus

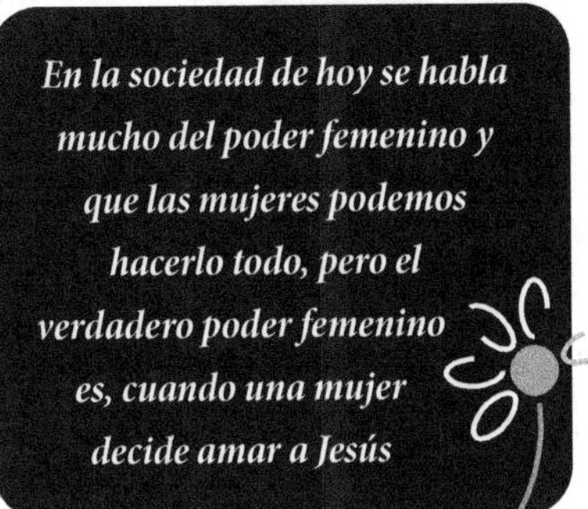

maletas, porque querían dinero fácil. Alguien les dijo: "Te doy mucha plata si llevas esta droga de manera ilegal". Ellas, por el dinero, dijeron sí, pensando en un beneficio momentáneo. Al hablar con ellas, decían que de nada les sirvió hacer eso, porque ni siquiera el dinero recibieron, y hoy estaban encerradas, sin poder ver a sus familias, y con el dolor de pasar muchos años ahí adentro, durmiendo en el piso con mucho frío y comiendo lo mismo todos los días.

Les cuento esta experiencia, porque quiero explicarles esto: cuando tenemos deseos errados o tenemos nuestro corazón lleno de información incorrecta, vamos a tomar decisiones equivocadas sin pensar en las consecuencias que esto tiene más adelante, ya que te vas a dejar guiar por tus emociones.

La mujer que eres no está definida por lo que otros son o hacen. Los viajes, la ropa y los lujos, no miden tu valor y tampoco determinan si eres importante o no.

Las redes sociales son una herramienta demasiado influyente hoy en día. De hecho, a causa de ellas muchas niñas adolescentes se han suicidado porque su artista favorito murió o porque no pueden tener lo que quieren, y entran en depresión.

Nosotras no podemos permitir que este mundo entre a nuestra mente y alimente nuestro corazón. Yo quiero hoy hacerte una invitación: decide no usar tu celular por 5 días y reemplázalo por lectura de la Biblia, escucha prédicas, lee libros cristianos, ¡canta canciones que hablen de Dios! Puedes estar segura que te vas a sentir en paz, segura, llena de esperanza, y sobre todo, tus pensamientos van a cambiar totalmente y vas a saber que Dios es lo realmente importante.

No permitas que otros desconocidos te digan lo que tienes que hacer, o lo que debes ser. Toma todas tus decisiones basadas en lo que lees en la Biblia. No es malo tener Instagram o Facebook o ver videos en YouTube. Lo malo es llenarte de información incorrecta por medio de eso. Puedes ver videos cristianos, seguir a artistas cristianos, personas que realmente traigan un mensaje bueno para ti y no te llenen de mentiras que afectan tu presente y tu futuro.

Me enseñaron que ser cristiana es para valientes, chicas que quieren realmente tener algo único y diferente. En la sociedad de hoy se habla mucho del poder femenino y que las mujeres podemos hacerlo todo, pero el verdadero poder femenino es, cuando una mujer decide amar a Jesús, creer que Él murió, resucitó, y perdonó sus pecados. Mi niña, tú eres valiente y fuerte solamente si Jesús habita dentro de ti. Porque solo con Dios de tu lado podrás ser una influencer verdadera. Pero hay algo que va a suceder, y quiero decírtelo en mi próximo capítulo para que lo tengas en cuenta y sepas que debes estar lista para asumir la vida en Jesús.

CAPÍTULO 4

#YOACEPTOELRETO

Bueno, empecemos a contar lo que va a suceder cuando decides ser una verdadera influencer. Muchas veces nos dicen las cosas lindas de la vida, pero no nos dicen aquellas que son un poco incómodas, que a veces no nos gustan que sucedan.

Yo les quiero contar algo que, probablemente, no me avisaron cuando le dije a Jesús que quería seguirle. Cuando tenía 10 años tomé un micrófono en la iglesia para cantar "Los soldaditos de Jesús", y te lo quiero decir, no para que te asustes, sino para que estés lista, porque los soldados para salir a la guerra tienen que prepararse, y una princesa como tú también debe estar lista para defender el Reino de su Padre.

Cuando vayas a la escuela y todos vean que eres diferente y no haces las cosas que todos hacen, te van a señalar, van a hablar de ti, van a querer hacerte sentir mal, te van a preguntar por qué no te vistes con ropa ajustada o corta, así como ellas. Incluso te van a decir que eres muy aburrida y que no quieren andar contigo. Muchas veces te va a tocar andar sola o, incluso, tener solamente una amiga o dos que sean verdaderas influenciadoras como tú.

Van a haber días donde vas a querer ser aceptada y parecer más "cool", te van a dar ganas de vestirte diferente o andar en el desorden, parecerte a tus compañeras desaplicadas. Pero en ese momento va a ver algo dentro de ti que te va a decir que no lo hagas, que eso no es bueno para ti, entonces ahí deberás demostrar esa valentía que tienes ahí dentro y decir: *"Así yo quiera, no lo haré porque esto es algo solamente pasajero, pero Dios tiene para mí cosas mejores que duran para siempre"*.

Vas a tener momentos donde vas a sentir que todos están en tu contra, que nadie está de acuerdo contigo, inclusive se burlarán de ti, te verán muy rara y loca. En ese momento vas a querer gritarles a todos, y de pronto te van a dar ganas de llorar. Pero, nuevamente, aparecerá esa voz que viene desde adentro que te dice: "Tranquila, no lo hagas, déjalos y mejor guarda silencio".

> *Esa voz interior que sentirás es el Espíritu Santo de Dios que habita dentro de ti y te guarda de todo mal y peligro*

Por favor lee con mucha atención esto: vas a tener momentos donde quieres tirar todo a la basura y hacer lo que todos hacen, ir a los lugares donde todos van, porque verás fotos donde todos parecen felices y vas a tener ganas de probar y experimentar eso que de pronto te están mostrando. Pero permíteme decirte: vas a escuchar, una vez más, esa voz interior.

Esa voz interior que sentirás es el Espíritu Santo de Dios que habita dentro de ti y te guarda de todo mal y peligro, además Jesús también estará contigo para abrazarte, Él te tomará de la mano para guiarte en el camino correcto.

Una vez estaba una chica sentada en la mesa de un restaurante, ella estaba muy enojada por algo que le habían hecho. En ese momento esa persona que le hizo daño entró a ese lugar y ella tuvo muchos sentimientos encontrados, tomó una botella de vidrio y la lanzó para pegarle a esa persona. La botella cae en la cabeza de aquel chico y este hombre muere a causa de perder mucha sangre. Inmediatamente llega la policía y, la chica, es llevada a la cárcel. Al día siguiente llegan al juicio y la declaran culpable del homicidio cometido. Aquella mujer empieza a llorar porque iba a pasar encerrada en una cárcel muchos años, estaba arrepentida de haber obrado bajo sus emociones, ella no quería matarlo, y llorando acepta los cargos y dice: "Sí, yo soy culpable". En ese mismo momento le amarran las manos con las esposas, se pone de pie para ir a la celda de castigo y, llorando desconsoladamente, cae de rodillas al suelo porque iba a estar encerrada, sufriendo el castigo por haber cometido un homicidio. Quiero que por un momento imagines que esa chica eres tú. ¿Cómo te sentirías? ¿Qué pasaría por tu mente? Seguramente muy mal y arrepentida, o con ganas de regresar el tiempo y no hacer lo que hiciste. Pero la historia no acaba aquí.

Continuemos...

Estando ella ahí, arrodillada, se empieza a levantar y cuando levanta la mirada se da cuenta que aparece otro hombre diciendo:" ¡No la encierren! no la lleven a la celda de castigo, ella está arrepentida y yo quiero entregarme por ella, llévenme a mí, yo tomo su lugar y pago su culpa, yo vine desde muy lejos solamente por amor a ella, y porque ví su corazón; por favor, señor juez, tómame a mí y déjala libre".

¿Qué tal si alguien hiciera eso por ti?, ¿Cómo te sentirías? ¿Qué le dirías? ¿Cuál sería tu reacción? Te pido que cierres los ojos y pienses por un momento en esta historia que se pone mucho más buena.

Esa persona que se entregó en lugar de la chica es símbolo de Jesús. La Biblia enseña que todos los seres humanos, a causa del pecado, merecíamos morir por desobedecer a Dios. Pero es tanto el amor de

Dios por la humanidad, que envió a su hijo para que tomara nuestro lugar en la cruz. Él tomó mi lugar, tu lugar, el lugar de todos. Lo golpearon, le gritaron, se burlaron de ÉL, le pusieron espinas que atravesaron su cabeza, clavos que hicieron huecos en sus manos y pies. Cuánto sufrió Jesús por ti y por mí en esa cruz. Nadie hará eso por ti. Solamente ÉL era la persona correcta para hacerlo, porque fue perfecto y vivió una vida perfecta en la tierra.

Jesús te ha librado de la muerte y te ha hecho libre para que vivas una eternidad feliz. No en la tierra, sino en el Cielo, donde todo es hermoso. ÉL tiene un lugar reservado para ti allá. Pero para poder conocer ese hermoso lugar en el Cielo, tienes que reconocer que te equivocas, que no puedes vivir una vida sin querer mentir o sin querer vengarte de los que te afectan, siempre deseamos que le vaya mal a los que no consideramos nuestros amigos. Reconoce hoy que no puedes sola y que necesitas su perdón y su salvación. Solamente Jesús puede darte la libertad que necesitas ahí dentro de tu corazón.

Los planes de Dios para ti son todos de bien. Y aunque tengas que pasar por cosas no tan cómodas y, a veces, difíciles en tu casa, en la escuela o con tus amigos, si lo llamas y oras a Dios, Él va a darte esa paz que necesitas y la fuerza para enfrentarte a este mundo que se daña cada día más.

Vamos por la mitad del libro. Y, después, de haberte contado un poco la realidad de las redes sociales y de explicarte lo que es una verdadera princesa e influenciadora, quiero pedirte que aceptes el reto de contar la verdad al mundo, acepta el reto de influenciar a otros, pero no con lo que ves en YouTube (maquillajes, moda, celulares, viajes, etc.) sino con el mensaje de la Cruz, ese mismo que acabo de contarte. Únete al equipo de la verdad, el que no busca su propia gloria ni su propia fama, sino que quiere hacer famoso al hombre más importante de la historia de la humanidad: JESÚS.

Unámonos todas a llevar su nombre a las naciones, porque solamente Él tiene la capacidad de dar vida y de transformar el corazón de las personas. Defendamos juntas el Reino de nuestro Padre DIOS, y no permitas que nada ni nadie te separe de su amor. Si te quieres unir por favor te pido que vayas a tus redes y subas una foto tuya con mi libro escribiendo esto: #Yoaceptoelretodellevarverdad, de ser una verdadera influenciadora y llevar el nombre de Jesús a todo lugar donde vaya. Además, te unas a nuestra comunidad. En Instagram aparecemos como *@soyinfluencerdeverdad* y escríbenos, queremos orar por ti y ayudarte a afrontar este nuevo reto.
Quiero conocerte y contarte lo que Dios me ha enseñado para compartirlo contigo.

A partir de ahora quiero darte algunos pasos importantes que debes tener en cuenta una vez decides ser parte del equipo de la verdad.

Vamos a los siguientes capítulos para aprender juntas.

CAPÍTULO 5

¿CÓMO EMPIEZO A SER UNA VERDADERA INFLUENCIADORA?

Cuando iniciamos el colegio, debemos comprar el uniforme, cuadernos, lápices, y estar listas para aprender. Entonces ahora quiero aconsejarte cosas que debes empezar a hacer para ser una influencer que lleva el mensaje correcto.

El número de seguidores y likes no importan

Creo que empezamos a ver algo contrario a lo que vemos en las redes sociales, todos los youtubers dicen: "Dale like, comenta, suscríbete, sígueme en mis redes, etc." Pero aquí, en el mundo de las influencers de verdad, el número de seguidores no importa. Cuántos amigos tengas, tampoco importa, y mucho menos si tienes muchos likes. Aquí lo más importante es llegar con el mensaje correcto a una por una de las personas que quieres contarles la historia de Jesús. Imagínate que tu amiga de la escuela está muy triste porque un niño le dijo que ella era fea, y tu llegas donde ella y le dices: "Eso no es cierto, la persona más importante del mundo entregó todo porque te ama. ÉL te creó hermosa, y te formó en el vientre de tu mamá con amor". Eso sí es realmente impresionante, y es algo que tu amiga te va agradecer mucho. ¿Ver a tus amigas felices y en paz vale mucho más que un like, cierto? Y seguramente esa amiga va a contarle a su prima lo que tú le dijiste y, entonces, el mensaje de Jesús se va expandiendo a todos lados, uno a uno, y tú serás esa influenciadora que aporta mucho para que no haya niñas en depresión porque alguien le dijo que ella era fea.

Aprender de Jesús

El objetivo principal de una verdadera influencer es hacer famoso el nombre de Jesús, digamos que nosotras nos convertimos en su voz, sus pies, sus manos. Y para poder hablar de una persona, debemos conocerla muy bien.

¿Dónde lo conocemos? Leyendo la Biblia. Puedes iniciar leyendo el libro de El Evangelio de Juan o Mateo que aparecen en el Nuevo Testamento. En estos libros vas a encontrar lo que Jesús hablaba, lo que hacía, y cómo fue su vida aquí en la tierra. También es importante que te unas a una iglesia, donde domingo a domingo te enseñarán de Dios y todo lo que tiene que ver con Él.

Deja de seguir a quienes te dan mal ejemplo

Esta parte es muy difícil, lo sé, a mí me costó dejar de seguir a varias personas en mis redes sociales, porque a veces me daban risa o porque me gustaba la ropa que usaban. Pero, cuando entendí que su ejemplo no era el correcto, y cuando acepté el reto de hacer famosa la verdad de Jesús entonces eso me dió la fuerza para seguir adelante y dejar de seguirlos.

Yo he visto videos de muchos youtubers de todos los países latinoamericanos y algunos de otros continentes, y para escribir este libro me dí a la tarea de descubrir ese mundo, y estoy completamente segura de lo que les voy a decir ahora.

Una chica que luce casi desnuda en sus redes y que en sus videos te dice que puedes perder la virginidad a los 13 años, no es un ejemplo para tí. Un chico que hace retos con sus amigos donde hablan de cuántas mujeres han metido en su casa, no valora a las mujeres y solo juega con ellas. ¿Por qué los sigues? Parejas de novios que se van a vivir juntos sin casarse y te empiezan a contar lo que sucede dentro de su casa, no te están enseñando la verdad.

Ellos solamente quieren que les des likes, que te conviertas en su seguidor para que las marcas los busquen y ellos poder ganar dinero.

No te conocen, no saben ni siquiera como te llamas, y cuando te sientas mal ellos no van a estar para tí.

No te estoy diciendo que ver YouTube o Instagram es malo. Lo que es malo es llenar tu mente de las mentiras que ellos te dicen y seguir a las personas incorrectas. Analiza los contenidos, pregúntate a ti misma. ¿Esto en qué me ayuda para ser como Jesús? ¿Esto de verdad me está enseñando algo bueno?.

Cuando empiezas a entender y conocer a Jesús vas a poder hacer un filtro de las personas que sigues y vas a entender que no todas te enseñan lo que Jesús habla.

Cuando empiezas a imitar como posan en sus fotos, las palabras que usan, cuando quieres comprarte las marcas que ellos usan, eso es un síntoma de que te estas convirtiendo en una chica sin identidad, que necesita imitar lo que ve, para creer que está en la onda de todos, y no debe ser así. Tu eres diferente, eres otra persona, única, tú puedes elegir tu estilo, no necesitas imitar a nadie. Solamente necesitas a Jesús en tu vida, para poder influenciar a otros con el mensaje correcto. Por favor, no permitas que un mal mensaje afecte tu relación con tu familia, que te aleje de los que amas, que te lleve a una depresión o a buscar la aceptación de los demás.

En mi país hicieron un estudio, muy impresionante, donde explicaban esto: desde que las

> *Cuando empiezas a entender y conocer a Jesús vas a poder hacer un filtro de las personas que sigues y vas a entender que no todas te enseñan lo que Jesús habla.*

redes sociales existen el número de chicos y chicas deprimidos ha crecido mucho, y no solo eso, sino que muchos cuando no pueden ser como lo que ven en redes sociales, quieren quitarse la vida solo porque alguien le dijo que tenía que ser flaca y no lo es.

Amiga, este mundo necesita de Jesús, seamos mujeres dispuestas a hablar a otros del Único que puede dar alegría verdadera al mundo. Tú ya tienes la oportunidad de influenciar, pero hoy debes decidir influenciar con el mensaje correcto. Unámonos, yo sé que juntas vamos a lograr que muchas amigas nuestras no caigan en errores que después se pueden arrepentir.

Estos tres pasos son importantes que lo hagas para iniciar este camino tan hermoso que estoy segura que es de las mejores decisiones de tu vida.

Ahora vienen unos pasos necesarios que debes dar para estar lista y segura. estoy feliz que ya estés por aquí y que pronto estarás lista para ser una verdadera influencer.

Esto es lo que he
aprendido hasta ahora...

CAPÍTULO 6

PASOS QUE DEBO SEGUIR

En este momento estoy completamente segura que hay un cambio de pensamiento en tí. Sé que ya no eres la misma y que ha llegado como agua a tus ojos para limpiarlos y darte una claridad de lo que es importante y lo que no.

PASO 1. RECONOCER 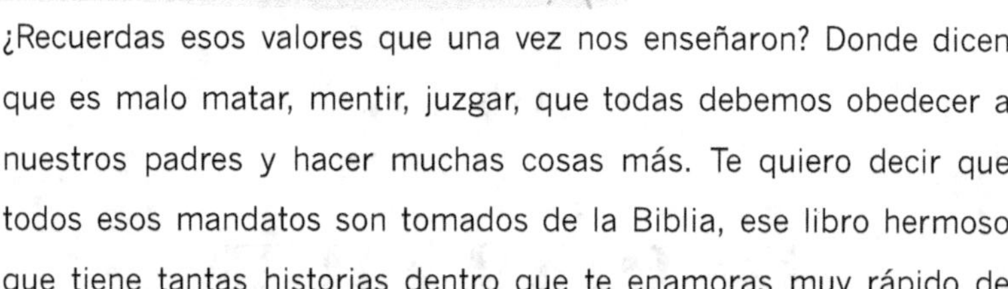

¿Recuerdas esos valores que una vez nos enseñaron? Donde dicen que es malo matar, mentir, juzgar, que todas debemos obedecer a nuestros padres y hacer muchas cosas más. Te quiero decir que todos esos mandatos son tomados de la Biblia, ese libro hermoso que tiene tantas historias dentro que te enamoras muy rápido de todo lo bello que este libro tiene.

Lo cierto es que ninguna de nosotras cumple esos mandamientos todos los días. Alguna vez hemos mentido, hemos desobedecido a nuestros padres. Quiere decir que necesitamos reconocer que estamos llenos de pecados y malos deseos, pensamos mal de las personas y si nos hacen algo, queremos vengarnos.

Si escribiéramos en una hoja todas las veces que hemos hecho cosas que no están bien, creo que esa hoja se llenaría toda.

Toma 5 minutos para reconocer delante de Dios que eres pecadora y que necesitas a Jesús para que venga a limpiarte.

PASO 2. ARREPENTIRNOS

Desde que éramos bebés nuestra mamá nos decía: "¡No te subas ahí!". Y nosotros nos subíamos, luego nos caíamos, nos golpeábamos muy duro y llorábamos. Al llorar nuestra mamá nos cargaba, nos abrazaba y nos decía: "Te dije que te ibas a caer". Y tú llorabas, arrepentida, por no haberle obedecido. Ella, igual, te abrazaba y te consolaba porque eres su hija.

Funciona parecido con Dios, Jesús creó un puente para que podamos acercarnos a Dios. Y cuando llegamos arrepentidas por todos nuestros pecados, con un corazón quebrantado y con ganas de ser transformadas para poder mostrar su Verdad, Él nos ama tanto que nos recibe con Sus brazos abiertos.

Puedes orar a Dios y pedirle que te perdone por todo lo que has hecho mal, por no obedecerlo, y estoy segura que Dios tiene su oído listo para escucharte. Yo lo hice cuando tenía 14 años, y hoy estoy aquí contándote que Jesús te ama y que Dios está esperando que te rindas por completo a Él.

PASO 3. EMPEZAMOS A CAMBIAR

Ahora empiezas como una carrera, donde todos los días debes prepararte para correrla. Algunas veces vas a querer rendirte, otras te van a dar un poco de pereza continuar, hay días dónde te vas a despertar tan emocionada que vas a querer correr muy rápido.

Ahora es tiempo de dejar que Dios actúe dentro de tí. Él va a enviar su Espíritu Santo, el cual va a vivir dentro de ti y te va a hablar cada vez que vayas a hacer algo malo y te dirá que no lo hagas, y también te va a dar paz cuando hagas cosas que están bien.

Pero, tendrás que leer la Biblia poco a poco y orar todos los días para mantenerte siempre lista para la carrera. Tu sola jamás lo vas a poder hacer, es por eso que es muy bueno buscar un lugar (una iglesia) donde encontrarte con personas que deseen hacer lo mismo que tú, para que te unas a otras chicas y se puedan motivar, unas a otras, a seguir la carrera hasta el final. Esta carrera termina en el Cielo. Dios ha guardado un lugar para todos sus hijos, y sólo son verdaderamente hijos los que creen que Él murió y resucitó por amor a nosotros. Y en consecuencia, amarás leer su Palabra, porque ella, es Dios mismo hablándote.

Cuando conocemos a Jesús, empezaremos a hacer todas estas cosas porque el amor de Él nos va a enamorar, entonces nos iremos pareciendo a Él en nuestra forma de actuar, de hablar, de tratar a los demás. La Palabra de Dios nos va a empezar a enseñar y transformar. Este libro solo es una guía muy pequeña de toda esta vida hermosa, pero la Biblia es la herramienta que tienes para seguir formándote, y eso nos hará MUY DIFERENTES.

IMPORTANTE 

No está bien creer que por hacer buenas cosas es que merecemos ese lugar en el Cielo con Dios. Ese lugar es un regalo que nos otorga Dios al enviar a su Hijo a morir en la cruz y resucitar por nosotros, no se puede comprar con nada, solo se debe recibir y responder con adoración y obediencia al Señor. También debemos permanecer en su verdad, hasta nuestros últimos días en esta tierra.

CAPÍTULO 7

CONTAR LA VERDAD AL MUNDO

Jesús dijo: Yo soy el CAMINO, la VERDAD y la VIDA

Camino: Porque por medio de Él llegamos a Dios.

Verdad: Porque Su vida es verdad y se manifiesta en nosotros.

Vida: Porque solo por medio de Jesús podemos tener ese lugar en el Cielo que se llama Vida Eterna.

Por eso cuando te hablo que una verdadera influencer es aquella que lleva la verdad al mundo, me refiero a esa *VERDAD* que está y es en *JESÚS*. Nosotras utilizamos nuestras voces, nuestras manos, nuestros talentos, nuestro cuerpo para contarle al mundo de Jesús. No se trata de hacernos famosas nosotras, porque no somos perfectas, pero sí podemos hacer famoso a Jesús porque Él nunca se equivoca, y la historia de la cruz es tan hermosa que todos necesitan escucharla.

Ahora me preguntas:" Bueno, y qué es lo que tengo que hacer, cómo lo hago, por donde empiezo?". Yo te respondo: lo principal es poner a Dios como lo primero de tu vida, es decir, como lo más importante, luego elige dos amigas para contarles lo hermoso que Jesús hizo en la cruz por todos nosotros. Y lo más emocionante para ti, puedes empezar a usar tus talentos para transmitir la Verdad.

Dios me regaló unos pasos muy sencillos que te quiero enseñar para que por medio de tus redes sociales (Instagram, YouTube, TikTok y todas las demás que salgan) puedas crear contenido de *VERDAD.*

EJEMPLO PARA CREAR CONTENIDO DE VERDAD

Hoy en la mañana leí, en mi Biblia, el Salmos 23 el cual dice así:

1

El Señor es mi pastor;

   tengo todo lo que necesito.

2

En verdes prados me deja descansar;

   me conduce junto a arroyos tranquilos.

3

   Él renueva mis fuerzas.

Me guía por sendas correctas,

   y así da honra a su nombre.

4

Aun cuando yo pase

   por el valle más oscuro,

no temeré,

   porque Tú estás a mi lado.

Tu vara y Tu cayado

   me protegen y me confortan.

5

Me preparas un banquete

   en presencia de mis enemigos.

Me honras ungiendo mi cabeza con aceite.

   Mi copa se desborda de bendiciones.

6

Ciertamente Tu bondad y Tu amor inagotable me seguirán

   todos los días de mi vida,

y en la casa del Señor viviré

   por siempre.

Si te das cuenta hay algunas palabras y frases importantes marcadas en gris. Una vez que Dios me enseña ésto por medio de Su Palabra, yo quiero compartir eso tan bonito en mis redes sociales o usar mis talentos para que otros puedan aprenderlo.

Después decido qué voy a hacer...

Para el ejemplo, digamos que decidí hacer una foto.

Pero antes pienso en las situaciones que, de pronto, podrían estar viviendo las personas que van a ver mis redes sociales. Quizás puedan sentirse tristes, solas, deprimidas.

Ya con esta información clara, entonces hago la foto que voy a subir a mis redes sociales y escribo lo siguiente:

"A veces nos sentimos solas, tristes y deprimidas, pero, hoy, quiero recordarte que Dios es tu pastor. Y así estés pasando por cosas difíciles no tengas miedo porque Él está a tu lado para ayudarte y tiene planeada muchas cosas buenas y bonitas para tí. Decide abandonar todo lo que no agrada a Dios y seguir a Jesús hoy."

Estoy completamente segura que cuando pongas eso en tus redes por lo menos una persona se va sentir identificada. Y por medio de ti, Dios le va a llevar un mensaje a su corazón, despertando el deseo de saber más de Dios. ¿Ves que son muy sencillos?

Ahora estás lista para ser una Verdadera Influencer, que lleva el mensaje correcto al mundo y hace famoso el nombre de Jesús. Y yo estoy muy feliz que tu hayas aceptado este reto tan lindo, no importa donde estés, no importa tu ciudad o tu país ya que hoy tienes la oportunidad de hablar de Dios a todos los que están cerca de ti.

Cuando somos hijas de Dios, los demás lo pueden notar porque actuamos completamente diferente a lo que sucede normalmente, la mejor forma de anunciar a Jesús es actuar como Él, e imitarlo en todas las áreas de nuestra vida. Para imitarlo, debemos siempre saber, que ***NO PODEMOS SIN JESÚS.***

Mi niña hermosa si este libro está en tus manos y lo has terminado, quiero decirte que Dios te está buscando y quiere que le sirvas con todo tu corazón. Él te ama y quiere hacer de ti una mujer, lista para la carrera.

No será fácil, pero no es imposible porque Dios te va a dar todo lo que necesitas para hacerlo. Solamente debes decirle:*"Señor Jesús, quiero servirte sin importar mi edad, ayúdame a llevar tu nombre y a llevar el mensaje correcto".*

Finalizo diciendo que te amo mucho y que soy una amiga para ti. No dudes en escribirme si así lo sientes.

Yo no te conozco físicamente, pero Dios sí y Él es quien me llevó a escribir este libro. Noches en vela y muchas pruebas pasé para que esto llegara a tus manos, pero todo eso vale la pena. El amor que Dios me regaló a mí, yo lo transmito a ti por medio de este libro.

Ahora solo deseo que el mundo se llene de Influencers de Verdad y que juntas llevemos el mensaje correcto, *EL MENSAJE DE JESÚS.*

9 789584 929174